ÆÆÆ
ÆÆ
ÆÆ

AF274082

Resabio de las fiestas

ÆREA | *carménère*

Romina Berenice Canet

Resabio de las fiestas

A861   Canet, Romina Berenice
C   Resabio de las fiestas/ Romina Berenice
       Canet -- Riells i Viabrea : RIL editores-
       Ærea | Carménère, 2025.

       96 pág. ; 23 cm.

       ISBN: 978-84-10248-50-2

       1 POESÍA ARGENTINA. 2 LITERATURA ARGENTINA.

ÆREA | *carménère*

Serie fundada por Eleonora Finkelstein y Daniel Calabrese
Edición al cuidado de Paco Najarro

RESABIO DE LAS FIESTAS
Primera edición: mayo de 2025

© Romina Berenice Canet, 2025

© Ærea, 2025

Un sello de RIL® editores
SEDE SANTIAGO DE CHILE: Los Leones 2258 • CP 7511055 Providencia
☎ (56) 22 22 38 100 • ril@rileditores.com • www.rileditores.com

SEDE VALPARAÍSO • valparaiso@rileditores.com

SEDE ESPAÑA • europa@rileditores.com

Composición y diseño: RIL® editores
Diseño de colección: Marcelo Uribe Lamour
Ilustraciones de portada e interior: Romina Berenice Canet

Impreso en España • *Printed in Spain*

ISBN: 978-84-10248-50-2
Depósito Legal: GI 623-2025

A quienes están
antes, durante y después
de las fiestas.
A taz, a Fran,
a mi mamá.

A veces mi tristeza suena
a respeto por lo que fue.
Por lo que ya no es.
Un resabio de las fiestas.

La noche está escotada.
Insinúa más de lo que muestra.

Merecíamos habitar
ese lugar imperfecto
porque en él
se podía resucitar.

Cuidado con los mensajes
decía el botellero
antes de arrojarse al mar.

A veces me alimentaba de espinas
para que me doliera el corazón
y lo encontrara.

¿ Cuánto habrá que fingir
          para volverlo cierto ?

El lobo no está.
No encontré su camisa
ni sus pantalones
lo que indica
que el lobo
ya salió
y que hay que empezar
a tener miedo.

Hay un lobo merodeando
la oscuridad de mi bosque.

Curiosidad de los monolitos:

> Tanto tiempo
> dedicado a la misma cosa.

Olvidé los colores de tu sexo.
Reías tan fuerte
que solo el color de los sonidos
recuerdo.

Todavía está
ese cuerpo
que no es mi cuerpo
en mí.

Mis piernas
tijeras de tu jardín.

Tengo un tajo en el pecho
de donde nacen mariposas.
No sé si huyen
o salen a pasear.
Solo sé
que tu boca abierta
espera
y se las come.

Anónima y desnuda
se enciende como un bosque
arrojado al infinito.
Todas las penumbras la buscan
para apagarla.

Todo tiene que ver con el cuerpo.
Cuerpo, cuerpo, cuerpo.

La multitud de puertas
se irá cerrando despacito
y las manos que llamaban
irán encontrando
alguna otra cosa para hacer:
sostener libros,
firmar formularios,
aplaudir a los cantantes.

Después de mí
habrá más crema
más pasteles
más pájaros
más días azules
más calesitas.
Habrán más noches
más playas
más guitarras
más casas con techos rojos
más fotos
más poesía.
Después de mí
más hombres
más mujeres.

Disfrútame
como lo único
que no habrá
después de mí.

Cuando un poema
inaugura mi cuerpo
y lo fecunda,
puedo ignorar con gracia
las boletas de luz
y de teléfono.

Para vencer a un sueño
hay que arrancarle los ojos.

Se abrazaron tan fuerte esa noche
que cuando se separaron
se fueron con los sexos cambiados.

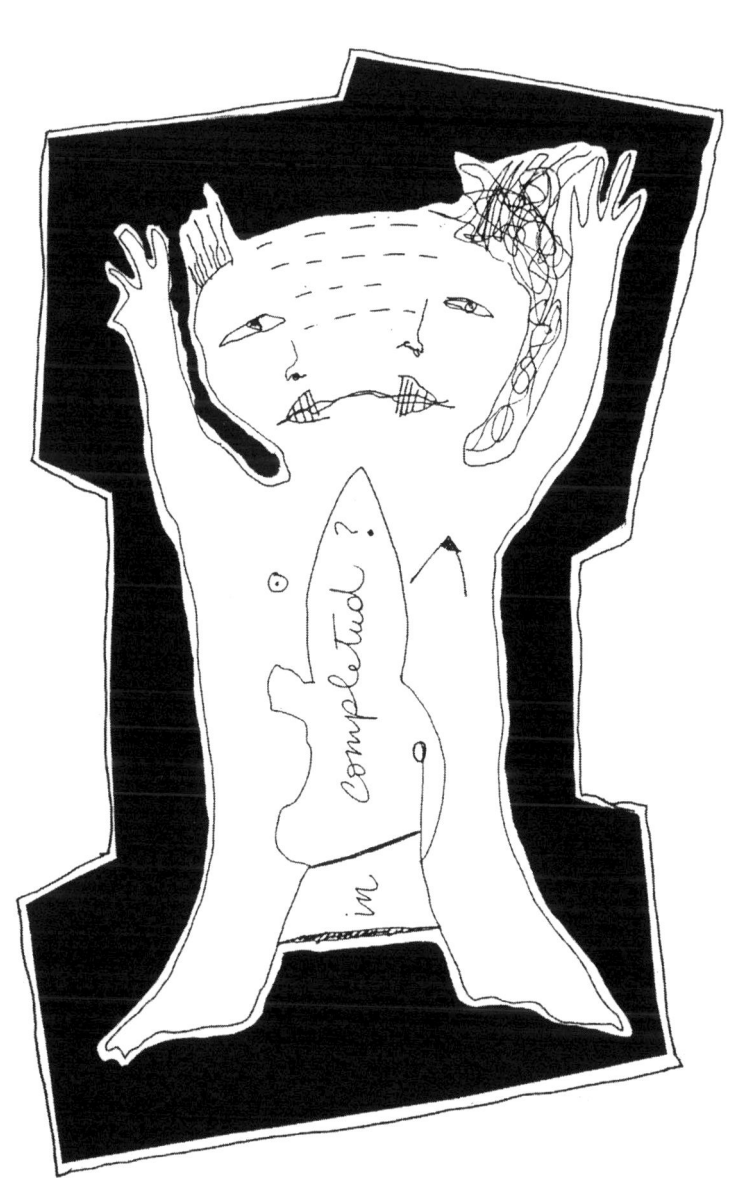

Estaba tan triste
que se asombró
de que la calle
fuera la calle
todavía.

Después de algunas muertes
la existencia se transforma
en un trastorno insoportable.
Hasta a los gatos que maúllan
uno les cortaría
por lo menos la cola.

A veces lloro de memoria.
Es mucho mejor
que llorar aprendiendo.

Quería decirte solamente
que siempre tuve ganas.
Siempre.

¿ Oscurece
o la tarde cambió su raza?

Compro las entradas para el cine.
Dos
y entro sola.

Ingenuo un pecho
que enciende luces
para una fiesta
a la que nadie llega.

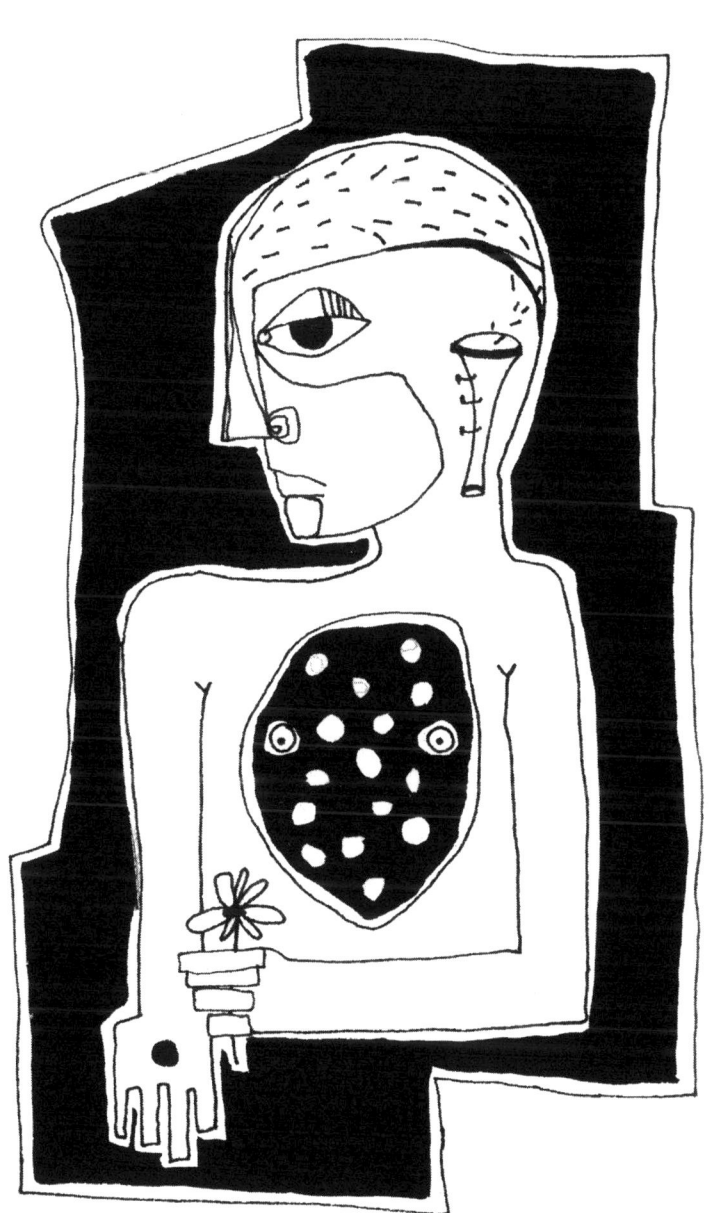

Estoy llena de animales.
Me abro en un grito de jungla.
Espero.

Los monos se resignan y se van.
Los pumas quedan.

Perder
era tan triste
como ganar.
En ambos casos
significaba
el fin del juego.

Él la desarma
como a un juguete,
con sádica curiosidad,
torpemente.

Él la rompió
para entenderla.

Todo depende
de casi nada.
La soga al cuello.
Los pies en la cornisa.
Y todavía se queda.

De todas las repeticiones
la noche
es la que menos me cansa.

Predisposición del abismo:
acechar gozando.

Tu cuerpo desnudo,
más que desnudo.
Tu cuerpo más desnudo
que un cuerpo desnudo.
Tan desnudo
que el mío
también desnudo
sigue buscando
qué más quitarse.

Vive la ausencia
como una penitencia,
como una niña
privada de sus juegos.

Insolencia de las cosas:
nombrarse más allá de si mismas,
ser sombra de todos los pasados,
decir no solo
mesa,
caja,
cucharita.

Sexo en almíbar.

Sexo abierto.

Desprolijo.

Rojo.

Como un pimiento rojo.

Como una lengua casquivana.

Como una casa llena de alcanfores.

Descosido en una cama.

A propósito.

Por error.

Como una muñeca rota.

Triste es esa noche
en que nos desvestimos
como si no fuera la última.

Estar triste en defensa propia.
Impedir romperse.

Forcejeamos tanto con la alegría.

El cuerpo de una mujer
se despereza dentro suyo.
Sonríe plácidamente
como quien se atreve a lo inesperado.
Algunos de sus muertos
acuden
a corregirle la sonrisa.

Como un madero de San Juan
persevera la ansiedad de su sexo.

Puede mentir
la mañana.
Decorarse
de sauces y balcones.
Insinuar
que todo está bien
y hasta por un segundo
convencernos.

Ella duerme violenta
como un relámpago resucitando.
Ella despierta
desnuda y atea
dando grandes motivos
para creer en dios.
Ella camina con dificultad
y renuncia al café
que hierve
perfumando la cocina.
Ella lee en su mano
un recordatorio que dice:
«Olvida despertar».

No puedo ceder
porque no hay urgencia.

La sorda madrugada me desquicia.
El viento arranca
a tirones mis sonrisas.
Tengo un tajo en la garganta
que descose mis palabras.

Hoy no estoy desnuda
para nadie.

Un lápiz apuñala una hoja
a puntos finales.

Ella se desviste.
Pone sus ropas sobre la mesa.
Se destripa.
Pone sus tripas sobre la mesa.
Se desgarra.
Pone sus garras sobre la mesa.
La tele está encendida.
Se sientan a cenar.

¿ Será por compasión
que florecen los manzanos?

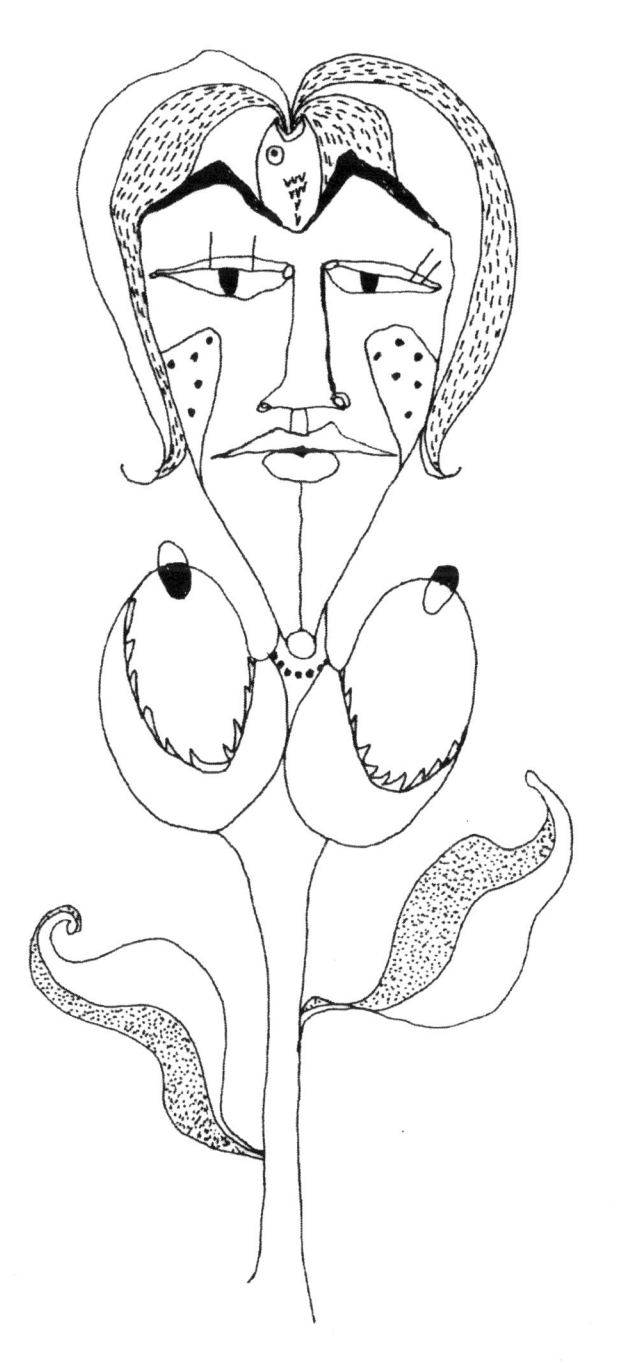

La felicidad
tiene el ritmo de un tambor
entusiasmado de manos.

Mi madre se prolonga en los paisajes
en las sabanas confundidas
en las canciones.

Su pecho retiene
el latido de mi padre.

Amanece nocturna
y colecciona destinos en sus manos.

Ella pronuncia mi nombre
con una certeza
por la que empiezo a existir.

Todos los ceros
demorados en su cintura.

La inmortalidad existe
en aquellos segundos
donde alguna intensidad
nos olvida de nosotros mismos.

Paisajes tengo.
Crecen en el cuerpo como un mapa
y se deforman.
Cuando muera
seré una fantasía desplegable.

Una noche líquida
y espesa
es la tinta con que escribo
mis palabras.

En mi cabeza
todos los gatos
encuentran su quinta pata.

Las tardes también
pueden ser lapidarias.
Aún con su sol recién puesto
y sus jilgueros florecidos.

Resignación:
Aceptar desde aquí
lo peor de las puertas.
Su obstinada capacidad
de estar cerradas.

Nuevas versiones del abismo
visitaron esta noche pesadillas.

El cuerpo
exige su reverso.

Los dedos apretados
contra la puerta
sin saber
de qué lado
quieren quedarse.

El sol se empantanó
y yo me fui
de la lluvia
a la lluvia
creyendo que la lluvia
me seguía.

La seducción es inevitable
para aquellos
que se desnudan en lo que dicen.
¿Quién no desea ser deseado en su desnudez?

Él nació
para evitar espejos.
No existe ninguno
que lo abarque.

Nadie vio caer
el corazón al suelo
pero ella
lo recogió
con su propia boca
y lo masticó
para no volver a besar
más que con los labios.

La noche se angosta
en la mañana.
La luz se da permiso
de expandirse
entre las sierras.
Soy tan pequeña aquí
que quepo
en el regazo de mi madre.

A veces
A besos
Ave sos

Este amor
cargado de luces viejas
abre la ventana

y salta

suicida

sobre un presente
de adoquines.

Mi aventura
es un tanto gris.
Mi tristeza en cambio
es más amplia,
más luminosa.
Alumbra casi todo
lo que no quiero ver.

La mujer que hay en mí
amamanta a la niña que hay en mí.
Dualidad circular
con que me abrojo a la vida.

Hoy pienso en los parasiempres

Tan desfachatados
Tan mentirosos
Tan omnipotentes

Tan necesarios.

Que nada sea cierto
más que esta mentira
iluminada.

Me chequeo.
Los ojos en los ojos.
Las manos en las manos.
Todo parece estar
en su correcto lugar
y sin embargo
no dejo de tener la sensación
de que parece.

Este libro se terminó de imprimir
en mayo de 2025

RIL® editores • España

europa@rileditores.com

Se utilizó tecnología de última generación que reduce
el impacto medioambiental, pues ocupa estrictamente el
papel necesario para su producción, y se aplicaron altos
estándares para la gestión y reciclaje de desechos en
toda la cadena de producción.